CRITÉRIOS SMART

INFORMAÇÃO CHAVE:

- **Nomes:** Objetivos SMART, critérios SMART, método SMART, objetivos SMART, método SMARTER

- **Utilizações:**

  - Na gestão de projetos, os critérios SMART são utilizados para definir objetivos, bem como indicadores-chave de desempenho (KPI) eficazes, para facilitar a sua realização.

  - No campo das ciências humanas e do desenvolvimento pessoal, são utilizados para estabelecer objetivos de aprendizagem.

- **Por que é bem sucedido?** O princípio é simples: um objetivo deve satisfazer cinco critérios a fim de confirmar a sua relevância. Deve ser específico, mensurável, atribuível, realista e calendarizado (em inglês: Specific, Measurable, Assignable, Realistic, Timebout, resultando na sigla SMART). Esta sigla mnemónica SMART permite ter em mente estes elementos, que ajudam a estabelecer objetivos realistas.

- **Palavras-chave:**

  - Indicador-chave de desempenho (KPI): tipo de medição para avaliar a eficácia ou eficiência.

  - Objetivo: o resultado ideal da implementação de ações específicas.

CRITÉRIOS SMART

Tornar-se mais bem sucedido através do estabelecimento de melhores objectivos

CRITÉRIOS SMART

Tornar-se mais bem sucedido através do estabelecimento de melhores objectivos

escrito por Guillaume Steffens
traduzido por Alva Silva

50MINUTES.com

○ Gestão de projetos: organização de todas as ações que visam atingir um determinado objetivo.

INTRODUÇÃO

Em 1954, no seu livro *The Practice of Management*, Peter F. Drucker (consultor de gestão de empresas, 1909-2005) definiu o conceito de gestão por objetivos (MBO), que é o estabelecimento de objetivos quantitativos e/ou qualitativos dentro de um determinado período de tempo. Especificou também que os trabalhadores devem ser envolvidos na fixação de objetivos para depois poderem medir e avaliar o seu desempenho. Sem utilizar formalmente a sigla SMART, Drucker lançou as bases deste conceito.

GESTÃO DE NEGÓCIOS

Ao longo do século XX, muitos autores examinaram as qualidades necessárias para ser um bom líder. Foi o caso de Kenneth Blanchard (especialista americano em liderança e gestão, nascido em 1939) e Paul Hersey (psicólogo americano, 1931-2012), que defendeu a ideia de que uma pessoa capaz de estabelecer objetivos e adaptar a sua liderança em conformidade é um bom líder.

Só quando George T. Doran (professor de gestão, 1939-2011) publicou o artigo, 'There's a S.M.A.R.T. Way to Write Management's Goals and Objectives' (Doran, 1981) é que surgiu o conceito de objetivos SMART. Doran afirma que nem todos os objectivos têm de cumprir os critérios SMART e que é mais útil utilizá-los como diretrizes.

DEFINIÇÃO DO MODELO

A sigla SMART refere-se a cinco conceitos que devem ser constantemente referidos ao estabelecer objectivos, a fim de validar a sua relevância. Por ordem, os conceitos são específicos (S), mensuráveis (M), atribuíveis (A), realistas (R) e limitados no tempo (T).

Originalmente, este modelo era utilizado para definir as especificidades de um objetivo ou de um indicador concreto num contexto de gestão ou de gestão de projetos, o que implicava a superação da ideia abstrata e a tomada de medidas eficazes. A simplicidade do instrumento também fez com que fosse utilizado noutros domínios, tais como os recursos humanos, onde o objetivo final é encorajar o desenvolvimento pessoal e aumentar a eficiência dos funcionários. Esta técnica também pode ser utilizada individualmente (estabelecendo objetivos pessoais SMART) ou em equipa (um gestor pode estabelecer objetivos que o grupo tem de atingir em conjunto).

Embora existam várias alternativas a esta sigla, apenas as variações mais comuns serão aqui analisadas.

TEORIA

CRITÉRIOS SMART

Embora possamos definir uma meta como resultado de uma série de objetivos que devem ser atingidos, os próprios objetivos também podem ser divididos numa série de sub-objetivos. Por exemplo, para ver aumentar as vendas (a meta final), o gestor estabelecerá o objetivo de conquistar 100 novos clientes.

Quanto aos critérios, eles são os elementos necessários para avaliar um objetivo, enquanto os indicadores são utilizados para verificar se são cumpridos. Assim, um critério para estabelecer o prazo para a realização de um objetivo pode ser controlado por um indicador de tempo, tal como "numa semana".

Tanto os gestores como os empregados podem referir-se aos critérios SMART. Os primeiros tenderão a estabelecer objetivos para a equipa pela qual são responsáveis, enquanto que os segundos estabelecerão objetivos pessoais.

Comecemos por analisar os cinco elementos que compõem a sigla SMART, segundo George T. Doran, com mais detalhe.

- **Específico.** O objetivo deve referir-se a um elemento específico. Este critério evita formulações demasiado amplas – e, portanto, demasiado vagas – como "aumentar os lucros da empresa"; uma melhor opção seria algo como "reduzir o custo da máquina A", onde os benefícios podem ser quantificados. Neste exemplo, 'aumentar os lucros da empresa' será considerado o objetivo final que será alcançado através da redução do custo de uma máquina. Ao definir com precisão um objetivo, as ações necessárias para o alcançar tornam-se mais claras. Sub-objetivos podem ser acrescentados (diminuição da taxa de sucata, do número de falhas, etc.). Um bom objetivo é, de acordo com este critério, definido por estes aspectos principais: aplica-se a um cenário ou a um local preciso e tem também um financiamento específico.

- **Mensurável.** É essencial considerar este aspecto, que lhe permite medir resultados ao estabelecer objectivos nos negócios. Para o conseguir, a empresa deve ter meios fiáveis, em primeiro lugar, para aceder aos dados e, em segundo lugar, para os interpretar corretamente. Nem sempre é possível ou fácil quantificar um objetivo, uma vez que alguns serão mais qualitativos do que quantitativos. Por exemplo, o objetivo de melhorar a imagem da empresa será difícil de quantificar. No entanto, é necessário abordar esta componente. Neste caso, é possível conduzir investigações e recolher dados numéricos (a perceção da empresa pelo público numa escala de 1 a 10) e depois ajustar o alvo.

- **Atribuível.** Uma ou mais pessoas devem ser claramente identificadas como responsáveis pela realização do objetivo. Estas podem ser colaboradoras internas ou externas da empresa. Podem também estabelecer um objetivo pessoal.

- **Realista.** Este conceito visa diferenciar a situação ideal – que é mais difícil de alcançar – do objetivo concreto. O objetivo deve poder ser alcançado com os meios atuais da empresa, ou novos meios que seriam razoavelmente de fácil acesso. Ao estabelecer o objetivo, a legislação em vigor deve também ser considerada para que seja realista. Este critério terá um impacto na motivação e envolvimento dos trabalhadores, pelo que deve também encontrar um equilíbrio entre ser desafiante e realizável como objetivo. Poderá ser útil pensar noutro objetivo menos ambicioso em caso de fracasso.

- **Temporizado.** É importante estabelecer um prazo ao definir o objetivo. Sem marcadores temporais, o objetivo pode na realidade perder a sua natureza concreta, pelo que pode não ser possível verificar se foi ou não alcançado.

Os cinco elementos aqui apresentados são os sugeridos por George T. Doran. Veremos na secção "Extensões e modelos relacionados" que existem várias variações.

VANTAGENS DO MODELO

Embora a simplicidade e a característica mnemónica da sigla sejam as principais vantagens do modelo, existem outras:

- Em primeiro lugar, o modelo promove a obtenção de resultados concretos, concentrando-se nos aspectos tangíveis e quantificáveis dos objetivos;

- Em segundo lugar, pode ser aplicado em vários campos, e pode mesmo ser utilizado na vida pessoal das pessoas;

- Finalmente, os critérios SMART tornam o objetivo completo e exigem poucos ou nenhuns detalhes adicionais.

APLICAÇÃO PRÁTICA

Embora o método SMART pareça relativamente simplista, deve assegurar-se de que segue cuidadosamente os passos ao estabelecer um ou mais objetivos, de modo a alcançá-los dentro de um determinado período de tempo, evitando ao mesmo tempo as muitas armadilhas potenciais.

CONSELHOS E DICAS DE TOPO

Regra No. 1 – Um objetivo deve ser específico

Qualquer que seja o campo, a reflexão começa geralmente com o primeiro critério: a especificidade do objetivo. Isto serve para lembrar aos gestores que devem ser precisos e ter constantemente em mente todos os aspectos do objetivo que desejam definir. Quando utilizado na gestão de projetos ou marketing, a primeira pergunta a fazer é: "Atribuirei objetivos diferentes a cada trabalhador ou um objetivo global ao chefe de departamento?". Se um gestor quiser atribuir objetivos diferentes a cada funcionário, há uma boa hipótese de começar por estabelecer um objetivo global, antes de o dividir entre diferentes departamentos e funcionários. Podem também optar por estabelecer um objetivo geral e pedir aos chefes de departamento que atribuam sub-objetivos às suas equipas. Se forem estabelecidos de forma participativa, os funcionários estão a colaborar diretamente para definir o objetivo: eles próprios fazem parte do projeto e podem dar a sua opinião. Esta abordagem assegura um maior envolvimento da sua parte, uma vez que estão empenhados desde o início do processo.

Regra No. 2 – Um objetivo deve ser mensurável

No que respeita à mensurabilidade quantitativa ou qualitativa do objetivo, é necessário primeiro definir o objetivo não só em termos de números, mas também tentar e pensar como é que esses números podem ser obtidos. Isto nem sempre é fácil de compreender, uma vez que a informação é dispendiosa (por exemplo, estudos de mercado abrangentes) ou difícil de analisar objetivamente (por exemplo, a criação de um produto de qualidade).

Se a empresa não tiver um departamento que possa consolidar estes dados, é importante, nesta fase, elaborar uma visão global dos dados que será de fácil acesso através de uma rede interna. Uma organização tem frequentemente mais recursos do que a pessoa que procura informação pensaria, mesmo que estejam divididos entre diferentes departamentos (contabilidade, marketing, finanças, etc.). Os dados recolhidos num dado momento devem ser guardados, pois servem como ponto de referência para comparar os resultados registados após o prazo estabelecido.

Embora o conceito de avaliação esteja implícito no modelo, é, contudo, importante ter em mente que esta etapa ajudará consideravelmente o gestor em retrospetiva, quando este avaliar os resultados finais do objetivo.

Em alguns casos, pode ser vantajoso prever cenários diferentes em função dos limites que serão utilizados para determinar se o objetivo foi alcançado: se o objetivo é aumentar as vendas em 25%, em que momento é que o gestor está satisfeito, ou, inversamente, em que momento é que decide mudar de estratégia? 25% é um limite inferior difícil ou um aumento de 20% já seria considerado um sucesso sem pôr em causa a estratégia? O gestor reagirá de forma diferente se notar um aumento nas vendas de 15% ou 20% quando estava a contar com um aumento de 25%. Podem ser aplicados diferentes tipos de medidas corretivas de acordo com estes cenários.

Regra No. 3 – Um objetivo deve poder ser atribuído

O passo seguinte é atribuir este objetivo a um membro do pessoal ou a uma pessoa ou organização externa, com base nos recursos disponíveis e no custo da externalização envolvida. Na prática, é evidente que alguns gestores preferem nomear alguém responsável antes de abordarem as questões práticas ligadas à avaliação dos resultados. Desta forma, um gestor pode determinar, com o representante de vendas a quem foi atribuída a tarefa, o número de vendas que deve realizar, com base naquelas que registou no ano anterior.

Regra n.º 4 – Um objetivo deve ser limitado no tempo

É então altura de determinar quando o objetivo pode/deve ser completado. É da responsabilidade do gestor desenvolver uma estratégia para assegurar o cumprimento dos prazos. Uma vez que é aconselhável proporcionar alguma flexibilidade em caso de circunstâncias imprevistas, o gestor esforçar-se-á por comunicar um calendário mais apertado aos seus empregados. Contudo, este truque não deve ser utilizado em excesso, pois quanto mais curto for o tempo, maior será a pressão sobre os trabalhadores. Também pode ser sensato utilizar o diagrama de Gantt para planear sub-objetivos, a fim de manter o controlo sobre o processo de alcançar os objetivos.

 ## O DIAGRAMA DE GANTT

O diagrama de Gantt (elaborado em 1910 pelo engenheiro e consultor de gestão americano, Henry L. Gantt, 1861-1919) é utilizado principalmente como instrumento de gestão de projetos. Fornece uma visão geral das várias tarefas a realizar (mostradas por barras horizontais) e a sua possível sobreposição ao longo do tempo. Existem atualmente muitos tipos de software, gratuito ou não, para criar este tipo de diagrama.

Regra No. 5 – Um objetivo deve ser realista

Finalmente, deve assegurar-se de que o objetivo é exequível. Este conceito é o elemento mais subjetivo do modelo, e cabe ao gestor avaliar o objetivo com a ajuda dos instrumentos disponíveis (análise estatística, pesquisa de mercado, inquéritos de satisfação, etc.), bem como a sua própria intuição. Para o fazer, serão obrigados a utilizar:

• números tangíveis para estimar a situação prevista

- experiências passadas

- previsões para avaliar a situação futura.

O gestor pode optar por verificar o aspecto realista do objetivo com base em algumas ou todas as noções mencionadas acima. Neste último caso, verificarão previamente se as pessoas designadas para o projeto dispõem de meios suficientes para alcançar o objetivo a tempo. Este critério é, na nossa opinião, o mais difícil de apreender e será também o mais contestado.

 ## SABIA QUE...

A "intuição" na gestão refere-se aos elementos emocionais e inconscientes que nem sempre são justificados por dados objetivos e guiam o gestor na sua tomada de decisão. O gestor será capaz de sentir se o novo projeto pode ou não ser alcançado, dependendo da sua experiência e experiência em situações semelhantes.

Embora o método SMART seja utilizado para definir corretamente os objetivos, nunca deve ser utilizado como uma lista de verificação exaustiva ao definir um objetivo: alguns elementos da sigla podem estar em falta. Assim, um objetivo que não é mensurável seria certamente menos fácil de implementar, mas não seria necessariamente inútil.

ESTUDOS DE CASO

Para ilustrar a teoria, aqui verá dois exemplos de fixação de objetivos SMART em duas áreas diferentes: gestão de projetos e desenvolvimento pessoal.

Critérios SMART na gestão de projetos

> *A empresa A está a investir numa nova máquina para aumentar a sua produção de comprimidos. A 5 de Janeiro, o gestor formula o seu objetivo SMART da seguinte forma: "No segundo trimestre, George Dupond, responsável pelo projeto, apresentará um aumento efetivo de 10 000 unidades mensais adicionais para o nível de produção, graças à nova máquina AX-02".*

- **Força:** Este objetivo preenche todos os critérios dos objetivos SMART. O gestor pode avaliar se o objetivo é realmente alcançado no período de tempo escolhido. Neste exemplo, será fácil comparar a produção com a de Dezembro (assumindo que a produção é constante), por exemplo, e verificar o aumento da produção no segundo trimestre.

- **Fraqueza:** O quadro temporal é relativamente vago. Os trabalhadores tenderão a considerar o prazo como o fim do segundo trimestre, enquanto que para o gestor será o início do segundo trimestre. Para evitar confusões, certifique-se de estabelecer um objetivo que seja o mais preciso possível.

Para estabelecer a parte mensurável do objetivo, o gestor basear-se-á em dados anteriores. Poderá então calcular o aumento percentual em comparação com o ano anterior, por exemplo. Ele garantirá também que é possível vender esta produção adicional através da realização de estudos de mercado específicos. Ele verificará se isto é realista com a ajuda das especificações da máquina e a produtividade dos trabalhadores.

 **CASO ESPECIAL: PROJETO COM SUB-OBJETIVOS**

Se a empresa A tomar consciência de que a produção de comprimidos é mais complexa do que se pensava anteriormente, especificará dois sub-objetivos para atingir as 10 000 unidades adicionais.

1. **Encontrar novas matérias-primas para fabricar mais produtos.** Assim, o gestor de compras (atribuível) será responsável, antes do final do mês (prazo), por avaliar os fornecedores, contactando-os e assinando um contrato com aquele que oferecer o melhor negócio (específico e mensurável). Este objetivo parece realista, uma vez que este tipo de tarefa não está fora da competência do gestor de compras.

2. **Otimizar as configurações da máquina para minimizar o desperdício.** O segundo sub-objetivo será também completado pelo gestor de compras (atribuível), que encontrará a melhor combinação de diferentes configurações (específicas) – por exemplo, o tamanho e forma do molde

e a quantidade de plástico. Com produção programada para começar dentro de mês e meio, todos os ajustes devem ser feitos antes dessa data (limite de tempo). Em termos concretos, os fatores que tornam um produto defeituoso terão de ser removidos utilizando um software que calcula todas as oportunidades e determina as melhores com base na taxa de defeitos (mensurável). Para que este objetivo seja realista, o gestor de compras deve obter rapidamente o software em questão e adquirir conhecimentos técnicos o mais rapidamente possível, a fim de o poder utilizar eficazmente.

Critérios SMART para estabelecer objetivos de aprendizagem

Augustin, um jovem licenciado em literatura, deseja empenhar-se na criação de websites, mas não sabe nada sobre programação. Ele compra um livro para criar o seu primeiro website pessoal em menos de um mês: deve incluir um menu e cerca de dez capítulos. Todas as manhãs, ele lê aproximadamente 15 páginas deste livro e conclui gradualmente o projeto.

A principal diferença entre objetivos de aprendizagem e outros objetivos reside na adaptação do critério "atribuível" em "ambicioso" (com um objetivo de aprendizagem, o termo "ambicioso" é preferido, uma vez que se assume que o objetivo é sempre pessoal). Isto não significa de forma alguma que os objetivos estabelecidos na gestão de projetos ou marketing não devam ser ambiciosos. Mais uma vez, queremos salientar que o método SMART deve ser utilizado como uma ferramenta para alcançar resultados e não como uma lista de verificação.

IMPACTO

LIMITAÇÕES E CRÍTICAS AO MODELO

Lembre-se: nem todos os objetivos devem necessariamente ser SMART. George T. Doran não concebeu o acrónimo para ser uma lista de verificação, mas sim uma ajuda à formulação de objetivos para alcançar resultados tangíveis. Por conseguinte:

* Não é aconselhável utilizar amplamente este modelo sempre que se pretenda estabelecer um objetivo. De facto, o método SMART nem sempre é apropriado ao estabelecer objetivos a longo prazo, uma vez que o aspecto realista pode refrear quaisquer objetivos que sejam entendidos como demasiado ambiciosos.

* Nem todos os resultados podem ser medidos objetivamente; a empresa também nem sempre dispõe das competências ou recursos financeiros necessários para obter e interpretar a informação. No entanto, isto não significa de forma alguma que deva desistir de fixar objetivos.

* A adaptação do objetivo não é realmente possível dentro do modelo SMART (exceto com uma variante do 'A' como 'ajustável', como discutido abaixo). No entanto, é por vezes importante considerar potenciais mudanças no ambiente em que a empresa opera.

O empresário e professor americano Brendon Burchard (fundador da Academia de Peritos, nascido em 1977) também defende que nem todos os objetivos devem ser SMART e demonstra-o através de vários exemplos. Por exemplo, o objetivo de Cristóvão Colombo de chegar à Índia através do Atlântico estava longe de ser SMART. Não era realmente realista na altura, uma vez que o prazo era incerto. Quanto ao aspecto mensurável, isto só podia ser feito de uma forma binária: o objetivo ou é alcançado ou não. Burchard recorda que é importante manter os ideais em mente e propõe outra sigla, DUMB, que é o oposto do modelo SMART.

Ele argumenta especialmente contra a natureza realista dos objetivos SMART, uma vez que é provavelmente o mais difícil de avaliar. Segundo ele, é necessário estabelecer um objetivo desafiante, desde que seja viável. Se se preferir a variação "relevante", é então necessário considerar as prioridades da empresa. Se a prioridade a longo prazo é baixar os custos, um objetivo que vise acrescentar valor ao produto contradiria isto e seria irrelevante. A relevância do objetivo é assim avaliada em termos das prioridades a longo prazo da empresa, ou do indivíduo, no caso de objetivos de aprendizagem.

MODELOS E EXTENSÕES RELACIONADAS

Interpretações do modelo SMART

Devido à sua popularidade, o modelo SMART tem muitas variações. A tabela abaixo lista as mais comuns:

É comum ver a seguinte combinação: Específica, Mensurável, Alcançável, Relevante e Limitada no tempo. Neste caso, certifique-se de utilizar os critérios 'alcançável' e 'relevante' em conjunto, com o segundo substituindo 'realista'; um modelo contendo tanto 'alcançável' como 'realista' seria inútil. O critério 'relevante' fornece uma dimensão adicional, mas rejeita o conceito de atribuição de responsabilidade pelo projeto.

Por conseguinte, aconselhamos a continuação da utilização deste último, uma vez que a relevância está incluída tanto no critério "específico" como no modelo como um todo.

Modelo SMARTER

O modelo SMART tem uma extensão suplementar: SMARTER. Os 'E' e 'R' adicionais referem-se à Avaliação e Revisão. A avaliação retrospetiva está ligada ao aspecto mensurável. Embora esteja implícito no modelo SMART, particularmente no 'M', este deve agora ser claramente identificado para poder responder às seguintes perguntas:

- Quem está no comando?

- Como pode ser alcançado?

A própria revisão exige medidas de ajuste necessárias após a avaliação. O quadro abaixo lista as variações mais comuns:

Modelo DUMB

Dada a popularidade do modelo SMART, Brendon Burchard quis (um pouco maliciosamente) questionar a sua utilização e legitimidade. Propôs então um novo acrónimo que permite mais ambição e menos realismo: os critérios DUMB, cujo campo semântico é o oposto direto dos critérios SMART.

Os 4 elementos que formam a sigla são:

- **Sonhador.** Os objetivos devem ser guiados por um sonho. Tal como Cristóvão Colombo, os indivíduos e as empresas devem estabelecer um ideal que pretendam alcançar. Uma empresa deve, por exemplo, aspirar a ser a melhor no seu campo em termos de qualidade.

- **Motivador.** Neste caso, a redação do objetivo desempenha um papel importante, uma vez que tem de ser motivadora. Burchard ilustra isto utilizando o exemplo da perda de peso. Ele diz que o objetivo não deve ser expresso de uma forma negativa, mas sim como "parecer um supermodelo", o que soa mais positivo e é, portanto, mais inspirador.

- **Metodológico.** Deve ser concebida uma metodologia clara que permita à pessoa que persegue o objetivo de se disciplinar para o alcançar. Com objetivos de aprendizagem, é possível desenvolver atividades diárias para melhorar o seu nível na disciplina.

- **Comportamental.** Desta vez, o conceito envolve uma mudança de comportamento que deve fazer a diferença: para realizar os seus sonhos, as pessoas não devem exercer demasiada pressão sobre si próprias, uma vez que o comportamento tem uma influência direta sobre o impacto positivo da aprendizagem e do desempenho.

RESUMO

- O modelo SMART (um acrónimo de Specific, Measurable, Assignable, Realistic e Time-Bound) é uma ferramenta utilizada na definição de objetivos nos campos da gestão de projetos e desenvolvimento pessoal.

- A sua simplicidade e a característica mnemónica, concebida para facilitar a sua memória, são as principais razões do seu sucesso.

- Há muitas variações do modelo. Um dos mais conhecidos é o critério SMARTER, que acrescenta os critérios de avaliação e revisão.

- O seu aspecto realista tem sido criticado porque deixa pouco espaço para sonhos e ambições, o que significa que não é apropriado para objetivos a longo prazo.

- A definição de sub-objetivos pode ser essencial para completar projetos complexos.

- O gestor pode optar por fazê-lo:

  - atribuir primeiro o objetivo, antes de o elaborar em mais pormenor, ou vice-versa;

  - incluir empregados na definição dos objetivos, ou não.

- Tenha em mente que este é um método para obter resultados, não uma lista de verificação. Por conseguinte, nem todos os critérios devem ser sempre considerados.

LEITURA ADICIONAL

BIBLIOGRAFIA

Burchard, B. (2014) Os Objetivos Inteligentes são DUMB. *A vida carregada*. [Podcast]. [Online]. [Acedido em 31 de Março de 2015]. Disponível a partir de: <https://itunes.apple.com/gb/podcast/charged-life-brendon-burchard/id821746377?mt=2>

Doran, G. T. (1981) Existe uma S.M.A.R.T. Way to Write Management's Goals and Objectives. *Revisão da Gestão*. 70(11), pp. 35-36.

Drucker, P. F. (1954) *The Practice of Management*. Nova Iorque: HarperCollins Publishers.

Haughey, D. (2014) A Brief History of SMART Goals. *Projecto Smart*. [Online]. [Acedido em 31 de Março de 2015]. Disponível a partir de: <http://cdn.projectsmart.co.uk/pdf/brief-history-of-smart-goals.pdf>

Morisson, M. (2010) História dos Objetivos SMART. *RapidBI*. [Online]. [Acedido em 31 de Março de 2015]. Disponível a partir de: <https://rapidbi.com/history-of-smart-objectives/>

Prunier, Y. (2013) Un objectif SMART n'est pas la panacée. *Les Echos.fr*. [Online]. [Acedido em 31 de Março de 2015]. Disponível a partir de: <http://archives.lesechos.fr/archives/cercle/2013/04/10/cercle_70057.htm>

Vincent, F. (2013) Créer des objectifs S.M.A.R.T., une formule magique en marketing. *Stratégie marketing PME*. [Online]. [Acedido a 31 de Março de 2015]. Disponível a partir de:

<http://www.strategiemarketingpme.com/strategies/ creer-objectifs-s-m-r-t-formule-magique-en-marketing/>

Yemm, G. (2013) *Essential Guide to Leading Your Team: Como Estabelecer Objectivos, Medir Desempenho e Recompensar Talento*. Nova Iorque: Pearson Education. pp. 37-39.

FONTES ADICIONAIS

Dallas, J. (2015) *Objectivos Inteligentes: Tudo o que precisa de saber sobre a definição de objectivos S.M.A.R.T. Sonhar Grande, Estabelecer Objectivos, Tomar Acção*. Edições Kindle.

Gudger, J. (2013) *Objectivos SMART: O Guia de Definição de Objectivos Finais*. Edições Kindle.

Scott, S. J. (2014) *Objectivos Tornados Simples – 10 Passos para Dominar os Seus Objetivos Pessoais e de Carreira*. Edições Kindle.

Queremos ouvir de si!
Deixe um comentário sobre a sua biblioteca online
e partilhe os seus livros favoritos nas redes sociais!

Mestre ISBN: 9782808065597
Papel ISBN: 9782808065887
Depósito legal: D/2022/12603/117

Desenho digital: Primento,
o parceiro digital dos editores.